BEI GRIN MACHT SICH IHR WISSEN BEZAHLT

AF149032

- Wir veröffentlichen Ihre Hausarbeit, Bachelor- und Masterarbeit

- Ihr eigenes eBook und Buch - weltweit in allen wichtigen Shops

- Verdienen Sie an jedem Verkauf

Jetzt bei www.GRIN.com hochladen und kostenlos publizieren

Jan Seichter

Buchrezension zu Kaufmann, Jean-Claude (2007): Was sich liebt, das nervt sich. Konstanz

GRIN Verlag

Bibliografische Information der Deutschen Nationalbibliothek:

Die Deutsche Bibliothek verzeichnet diese Publikation in der Deutschen National-
bibliografie; detaillierte bibliografische Daten sind im Internet über http://dnb.d-
nb.de/ abrufbar.

Impressum:

Copyright © 2011 GRIN Verlag GmbH
Druck und Bindung: Books on Demand GmbH, Norderstedt Germany
ISBN: 978-3-656-08865-3

Dieses Buch bei GRIN:

http://www.grin.com/de/e-book/184180/buchrezension-zu-kaufmann-jean-claude-
2007-was-sich-liebt-das-nervt

Kaufmann, Jean-Claude (2007): Was sich liebt, das nervt sich. Konstanz: UVK. Preis: 19,90 Euro.

Jan Seichter

Jean-Claude Kaufmanns Werk *Agacements. Les petites guerres du couple* hat mit dem Titel *Was sich liebt, das nervt sich* eine passende Übersetzung gefunden, die das Hauptthema des Buches wiederspiegelt: den Ärger innerhalb von Paarbeziehungen, seine verschiedenen Wechselwirkungen und Determinanten. Damit gliedert sich dieses Werk in andere von Kaufmann erschienene Bücher wie *Schmutzige Wäsche* (1994) oder *Der Morgen danach* (2004) ein, die sich ebenfalls mit dem genannten Spezialgebiet des französischen Universitätsprofessors beschäftigen.

Mithilfe von Anzeigen in französischsprachigen Zeitschriften und Tageszeitungen rief der Soziologe in Frankreich, Belgien und der Schweiz dazu auf, mit ihm in Kontakt zutreten, um den in Beziehungen auftretenden Ärger zu untersuchen, was in das Untersuchungsfeld der Ethnografie und des Fremdverstehens einzuordnen ist. Das Ergebnis der von Kaufmann durchgeführten Interviews ist ein insgesamt 279 Seiten umfassendes Buch, das in drei Teile eingeteilt ist, die wiederum aus zwei bis drei großen Kapiteln bestehen. Auch innerhalb dieser Großkapitel findet sich noch eine Aufspaltung in mindestens je sieben kleinere Kapitel.

Der Eindruck, der aufgrund des Titels leicht entstehen kann, nämlich dass es sich bei diesem Buch um einen Beziehungsratgeber handelt, täuscht. Doch obwohl Kaufmann sich der Erforschung des Themengebiets widmet, ist es auch keine rein wissenschaftliche Studie. Von einer solchen grenzt sich dieses Werk schon in der Einleitung ab. Kaufmann hat „lieber den konkreten Dingen des Lebens den Vorzug gegeben, der unwiderstehlichen Komik und der hochempfindlichen Spannung, die durch die Aussagen hindurchscheinen", statt seine „Feder zu sehr in die unvermeidlich dickflüssige konzeptuelle Tinte zu tauchen" (12).

Diese von ihm gesetzte Prämisse lässt das Buch erfrischend ungezwungen erscheinen und bricht den Inhalt auf ein Niveau herunter, das sehr einfach nachvollzogen werden kann. Aus fachwissenschaftlicher Sicht, entsteht dadurch jedoch gelegentlich der Eindruck, dem Werk fehle es an wissenschaftlicher Ernsthaftigkeit. Die Nutzung von Umgangssprache und Stilmitteln tragen ebenfalls dazu bei, Kaufmanns Buch mehr in die Unterhaltungsliteratur einzuordnen, als in die Sparte empirischer Wissenschaft. Der Autor verlegt seine Ausführungen dennoch an verschiedenen Stellen auf die theoretische Ebene oder verknüpft seine Schlussfolgerungen mit ihr. Sehr deutlich wird dies gleich im ersten Teil des Buches, wo Kaufmann seine Argumentation und Ergebnispräsentation mit Ergebnissen der Kognitionspsychologie unterfüttert (18) und vor allem im Unterkapitel „Kleines Kino und Off-Stimme", wo vor dem eigentlichen Thema eine theoretische Grundlage zum Verständnis der imaginären Spaltung gelegt wird (231 f.). Die für wissenschaftliche Aufsätze und Arbeiten notwendigen Literaturnachweise finden sich innerhalb der Kapitel jedoch selten und brechen meist mit dem üblichen Stil des Buches. Beides könnte darauf zugeführt werden, dass Kaufmann vor allem aus seiner eigenen Forschung heraus argumentiert. Dass dieser jedoch ein stabiles Fundament an wissenschaftlicher Literatur zugrunde liegt, zeigt die aufgeführte Bibliografie mit über 60 Werken.

Schon in der Einleitung beginnen die für dieses Buch so typischen Anekdoten, die teilweise vom Autor beschrieben und teilweise von den Paaren in wörtlicher Rede selbst erzählt und auf beinahe jeder Seite des Buches gefunden werden können. Die Quellen hierfür liegen hauptsächlich in seinen eigenen Befragungen und Interviews, aber nicht ausschließlich. Bezüglich der Beispiele von Ärger, den Personen empfinden, greift er auch auf andere Quellen zurück, wie zum Beispiel Untersuchungen von Johanne Mons oder von Céline Bouchat (125). Auf diese Weise wird ein Charakteristikum erschaffen, das dieses Buch so bestechend authentisch macht, indem es, vor allem durch die eigenen Worte der befragten Personen, genau den Alltagsrealismus darstellt, der es von der Theorie abgrenzt. Dass Kaufmann durch diese Aufzählung von Beispielen und Einzelfällen nur eine exemplarische Gültigkeit seiner Aussagen erlangt, ist ihm zumindest in begrenztem Maße bewusst. So stellt er selbst fest, dass die von ihm behandelten Ursachen von Ärger im zweiten Teil der Arbeit „[…] nur zur Veranschaulichung [dienen] und […] nicht repräsentativ [sind], denn um eine wirklich repräsentative und vollständige Darstellung zu liefern, bedürfte es einer statistischen Arbeit." (87 f.)

Darüber hinaus, stellt der Autor sofort klar, wie unangenehm aber auch bereichernd Ärger in einer Paarbeziehung sein kann. Um dies im weiteren Verlauf des Buches näher auszuführen, grenzt Kaufmann den Ärger in mehreren Hinsichten ein, um eine präzise Analyse zu ermöglichen. Zuerst unterscheidet er dafür zwei Formen des Ärgers: den rein informativen, gleichförmigen und den impulsiven Ärger. Es muss außerdem differenziert werden zwischen einem Schwall von Gefühlen und dem tatsächlichen Ärger, der sich von Groll, Entrüstung oder gar Gewalt unterscheidet. Demnach hat er vor allem glückliche

Paare untersuchen wollen, um die Zielstellung dieses Buches zu erreichen: den Ärger verstehen, seine Ursachen und Auswirkungen darzulegen und Mechanismen nachzuvollziehen. Die gewonnene Erkenntnis aus diesen einleitenden Worten des Buches liegt darin, dass Ärger in jedem Extrem immer nach dem gleichen Mechanismus abläuft, der immer die gleiche Ursache hat, nämlich Dissonanzen.

Im ersten Großkapitel seines Werks geht Kaufmann zunächst detailliert auf die Entstehung des Ärgers ein. Diese ist eng verbunden mit unserem Unterbewusstsein bzw. dem, was Kaufmann als „unterbewussten geheimen Plan" und „implizites Gedächtnis" bezeichnet (18 f.). Ärger entsteht, wenn Dissonanzen zu diesen Schemata auftreten. Je plötzlicher die Dissonanz, desto größer ist der Ärger, weil die Kohärenz zwischen den gegensätzlichen Seiten des Gedächtnisses wieder hergestellt werden muss. Hier ist das positive Potential des Ärgers zu finden, da es ein Instrument sein kann, „das Handlungen auslöst und die mentale Erschöpfung verringert" (20).

Vor allem am Beispiel der Hausarbeit macht Kaufmann in diesem ersten Teil des Buches klar, wann Ärger entstehen kann und wie er sich auf die Paarbeziehung auswirkt. Mit einfachen mathematischen Formeln drückt er dabei aus, wie sich unterbewusste Pläne ergänzen oder gegenüberstehen können. So kann am Anfang einer Beziehung sehr wenig Ärger vorhanden sein, weil stärkere (liebevolle) Emotionen, die alte Welt und damit den eigenen Plan vergessen machen.

Weiterhin stellt Kaufmann fest, dass Ärger in einer Paarbeziehung selten vermeidbar ist. Er entsteht aus dem Versuch heraus, zwei Arten des (Alltags-)Lebens zu einer kollektiven Art verschmelzen zu lassen, wobei es um den Versuch geht, eine Einheit herzustellen (26). Ein Ursprung für die dabei entstehende Problematik liegt im stattgefundenen und noch immer stattfindenden Wandel unserer Gesellschaft. Die Rollenverteilung der postmodernen westlichen Welt hat das alte patriarchalische System aufgebrochen und zum Beispiel die Hausarbeit zu einer Aufgabe für beide Partner gemacht.

Das zweite Großkapitel des Buches beschäftigt sich vor allem mit den Männern und Frauen und eben jenem Rollenverständnis, dass sich zwischen ihnen aufspannt. So greift Kaufmann zur Sprache des Theaters, um auszudrücken, dass ein Partner bezüglich gewisser Beziehungsaspekte der Hauptdarsteller ist und über die Lösung für ein Problem entscheidet, während der Nebendarsteller sich dem System des Hauptdarstellers beugt. So wird durch die den Partnern zufallenden Rollen eine geordnete Wirklichkeit und Normalität aufrechterhalten. Damit widerspricht Kaufmann in gewisser Weise jenen Definitionen von Liebe, die sie als rollenfrei bezeichnen und schließt sich der Chicagoer

Tradition und George J. McCall an, der auch innerhalb der Paarbeziehung das Vorhandensein von Rollendifferenzierung in Form von Arbeitsteilung sieht. Dissonanzen und somit Ärger kommen in dieser Konstellation auf, wenn sich gut eingespielte Rollen innerhalb der Paarbeziehung plötzlich ändern oder partiell nicht übereinstimmen, was auch in bereits lange bestehenden Beziehungen aufgrund von Kommunikationsmängeln noch der Fall sein kann. Das Problem ist die Rolle des Nebendarstellers, der seine eigene Meinung und Persönlichkeit vollkommen hinter der Dominanz des Hauptdarstellers zurückstellen muss. Dies könnte seinem Selbst, wie Goffman es bezeichnet und das aus Wechselwirkungen mit und zwischen seinen gesellschaftlichen Rollen entsteht, innerhalb der Beziehung widersprechen.

Das Bild, das an dieser Stelle von Kaufmann gezeichnet wird, rückt vornehmlich Männer in ein schlechteres Licht als die Frauen, auch wenn das nicht direkt beabsichtigt ist. Dieser Eindruck entsteht vor allem dadurch, dass hauptsächlich Frauen Berichte über ihre Ärgernisse an den Autor gesendet haben. Darstellungen von Männern sind in der Unterzahl und werden auch sehr viel seltener innerhalb der Kapitel zitiert.

Einen weiteren Konflikt zwischen Männern und Frauen sieht der Autor in dem, nach einem Buch von Dan Kileys benannten, „Peter-Pan-Syndrom" (77). Viele Frauen üben Kritik daran, dass ihre Männer wie Kinder wären. Zur Erklärung greift Kaufmann einmal mehr auf die historische Komponente zurück, die für ihn insgesamt eine vordergründige Rolle spielt. Da die ursprüngliche Rollenverteilung zwischen Mann und Frau mit der Gesellschaft der Postmoderne aufgebrochen wurde und die Emanzipationsbewegung voranschritt, haben sich Männer in die Nebendarstellerrolle im Haushalt zurückgezogen und der Erziehung der Kinder angenähert. Gepaart mit der Tatsache, dass sie nicht so sehr der „biologischen Uhr" (76) unterworfen sind wie Frauen, bedeutet dies, dass sie sich länger Zeit lassen können, um in das Erwachsenenleben einzutreten. Die Veränderung dieser gesellschaftlichen Umstände wird als sehr interessantes Thema gelegentlich von Kaufmann angesprochen, ohne dass er wirklich tiefgreifend darauf eingeht. So betont er zwar, dass ein Wandel im Gesellschaftssystem stattgefunden hat, was auch vollkommen richtig und unbestritten ist, die Männer aber dennoch versuchen, den alten Archaismus in gewissen Aspekten aufrecht zu erhalten und als dominanter Partner aufzutreten. Dass wir uns allerdings in einer ganz neuen tiefgreifenden historischen Wende der Gesellschaft befinden, wird von Kaufmann angezweifelt. Derartige Abschweifungen vom eigentlichen Thema, kommen nicht häufig in vor, haben aber das Potential, weiterreichende Denkanstöße auszulösen.

Der zweite Teil des Buches beschäftigt sich gleich zu Beginn mit den Ursachen für Ärger und stellt sofort klar, dass „[n]ichts […] normaler [ist], als dass man sich in einer Beziehung ärgert, selbst wenn man ein gutes Verhältnis zueinander hat. […] [D]as Funktionieren der Beziehung beruht auf der Verbindung von Gegensätzen" (87). Um dies zu verdeutlichen, greift Kaufmann das Zerknautschen einer Zahnpastatube auf, dessen Verbindung mit Ärger von Kaufmann schon durch das Design des Buchcovers impliziert wurde. Die Zahnpasta ist deshalb ein so symbolisches Bild, weil sie meist das erste ist, was in einer Paarbeziehung vom einen Partner zum anderen umzieht, damit aber auch unvermeidliche Nähe auslöst. „Schlecht zu ertragende, unvermeidliche oder disharmonische Nähe begünstigt das Entstehen von Ärger" (96). Im Laufe dieses Kapitels führt Kaufmann Beispiele für die Entstehung von Ärger auf, die einzelne Bereiche des Beziehungslebens umfassen. Dadurch entsteht ein recht düsteres Bild von zum Scheitern verurteilten Beziehungen. Der Autor bezieht sich dabei auf Francois de Singly, der das Hin und Her zwischen individuellem Selbst und der gemeinsamen Identifikation innerhalb der Paarbeziehung mit seinen Reibungen und Synchronisationsmängeln untersucht hat (113).

Im vierten Großkapitel beginnt der Autor vorerst mit einer Erklärung seines methodischen Vorgehens. Auf die Bitte, ihm Ärgernisse bezüglich des Beziehungspartners zu schreiben, sollten unschlüssige Personen zunächst mit ein oder zwei Dingen beginnen, um Kaufmann die Möglichkeit zu geben, erste Fragen zu stellen. Hatten die Personen dann erst einmal angefangen, entstanden plötzlich lange Listen, die teilweise abgebrochen wurden, weil die Aufzählung derart vieler negativer Aspekte, Zweifel an der Beziehung hervorrief. In diesen Fällen riet der Autor den Paaren vernünftiger Weise, das Experiment abzubrechen. Was in Kaufmanns Buch nicht weiter betrachtet wird, ist moralisch sehr viel kritischer zu bewerten. Die Frage bleibt im Raum stehen, ob es richtig ist, eine derartige Reaktivität solcher Experimente auf selbstverständliche und unkontrolliert Weise zuzulassen, wenn die Folge sein kann, funktionierende Paarbeziehungen zu zerstören.

Im Ärger verdrängt man seine Identität, die in der Beziehung integriert ist. Dies ist jedoch vielmehr als Identitätstransfer hin zur individuellen Identität zu verstehen, der allerdings in beide Richtungen stattfinden kann. Das Individuum wird Teil des Paares, indem es seine individuelle Identität verdunkelt. Eben dadurch wird die Auslöschung der Ursachen für den Ärger beschleunigt. Auf diese Weise kann Ärger und auch Kristallisation in letzter Instanz wieder zurück in die Beziehung führen. Unter Kristallisation versteht Kaufmann in diesem Zusammenhang den Ärger, der nicht länger kultiviert im Inneren von Personen verborgen bleibt, sondern sich impulsiv entlädt. Andererseits kann aber die Kristallisation auch ihre

Spuren hinterlassen, da einmal Gesagtes nicht wieder rückgängig zu machen ist. Um eine Beziehung aufrecht zu erhalten, muss es somit zu einer Identitätsveränderung bei einem oder beiden Partnern kommen.

Mit Bezug auf die Sozialpsychologie und Leon Festinger schließt sich Kaufmann Poitou insofern an, dass die kognitive Dissonanz für das Individuum nicht akzeptabel ist. Individuen versuchen Dissonanzen durch Moralvorstellungen, die einem früheren Verhalten widersprechen und daher seelisches Unbehagen verursachen, zu beseitigen.

Das fünfte Großkapitel beendet den zweiten Teil des Buches und beschreibt die Ausweitung von Ärger. Hier wird vor allem die Familie des Partners behandelt, mit denen Interaktion selten vermeidbar ist, da Interaktionssysteme laut Niklas Luhmann alles einschließen, was als anwesend in einer Situation behandelt werden kann. Die Familie stellt dennoch etwas Besonderes dar, weil sich zwar keine anhaltende körperliche Kopräsenz im Alltagsleben findet, sehr wohl aber eine dauerhafte, auf Werte bezogene, die sich im Partner wiederspiegelt. Obwohl die Familie nach Alfred Schütz eigentlich zur Mitwelt, aber nicht zur Umwelt des Individuums gehört, lässt sich sagen, dass sie demnach einer Zwischenstufe zugerechnet werden kann: einer indirekt präsenten Mitwelt. Auf diese Weise kommen noch mehr identitäre Eigenheiten hinzu, die den Werten und Vorstellungen des Individuums widersprechen können. Dabei betont Kaufmann die Macht, die der Partner über den Gemütszustand des anderen besitzt, da die Paarbeziehung in der heutigen Welt vor allem ein Platz der Selbstbestätigung sein sollte. Die Macht geht daraus hervor, dass dies nach Erving Goffman nicht nur als „expectation" sondern als „obligation", also als Verpflichtung, verstanden wird und nicht ausbleiben darf.

Der dritte und letzte Teil des Buches, beschäftigt sich schließlich mit Racheakten und Liebestaktiken.

Vor allem das Schmollen, als eine nach George Herbert Mead vor allem durch Gesten vermittelte Interaktion, behandelt der Autor hier intensiver und stellt fest, dass es den Protagonisten zwar wesentlich weniger riskant erscheint, jedoch zu zusätzlichen Missverständnissen führen kann.

Ärger verstärkt sich, wenn ein Partner am anderen Rache übt, ganz gleich ob der Grund dafür in der Gesellschaft oder in der Paarbeziehung liegt. Zur heimlichen Rache unterstützt Kaufmann die klassische These von Albert Hirschman, der drei Haltungen angesichts einer Verärgerung unterscheidet. Zum einen den offenen Widerspruch, dann die Beibehaltung der Loyalität und schließlich der Rückzug als stillschweigende Flucht, um das seelische Gleichgewicht wieder herzustellen. Egoistische Racheakte sind in der Lage,

Unzufriedenheit zu erschaffen, die vollkommen anders geartet ist als Ärger, weil sie Kommunikation unterbindet, statt sie voranzutreiben. Mit der heimlichen Rache, stellt dieses Kapitel etwas Besonderes im Vergleich zu den anderen dar, weil diese Racheakte sich von allem vorher behandelten unterscheiden. Sie stellen keine Form der Kommunikation dar, weil nur ein Individuum über das komplette Prozedere bestimmt.

Das letzte Großkapitel wendet sich der Liebe zu. Die Taktiken, um wieder in die Beziehungsidentität hineinzufinden, stellen nicht einfach nur eine Veränderung, sondern eine Kehrtwende dar, da man gegen die individuelle Identität ankämpft. Der Mechanismus besteht im Grunde in einem schlechten Gewissen, der den Ärgernden zum Handeln veranlasst, um in die Beziehung zurückzufinden. Auf diese Weise nähern sich beide wieder aneinander an, wobei sie sich oft von der Situation des Ärgers entfernen, Abstand gewinnen, die Szene aus der Perspektive des anderen betrachten, sich beruhigen und den Ärger schließlich überwinden. Um den Ärger zu überwinden zählt Kaufmann dabei drei Wege auf: „körperliches Distanzieren, abnehmende Emotionalität, aufkommendes analytisches Denken" (217).

Am Schluss des Buches stellt der Autor eine Hypothese auf: „Wenn es Ärger aller Wahrscheinlichkeit nach schon immer gegeben hat, so ist der Mechanismus, der ihn erzeugt, doch einem tiefen historischen Wandel unterworfen, der sich dadurch auszeichnet, dass zum einen die Ursachen für Ärger zunehmen und zum anderen parallel dazu auch die Fähigkeit, mit ihm umzugehen" (239). Diese Ursachen und Fähigkeiten hat Kaufmann in seinem Buch ausführlich und mit vielen Beispielen dargestellt.

Bezüglich der wichtigen historischen Komponente stellt der Autor abschließend fest, dass die Moderne, die Eingebundenheit des Individuums, sich nicht fundamental verändert hat. Erst die zweite Moderne Ende der 60er Jahre war ein Bruch, der Autonomie und Freiheit in der Paarbeziehung hervorbrachte.

Die Grenzen des Buches sieht der Autor selbst im Bereich dieses Bruchs der zweiten Moderne, der zwar behandelt wurde, bei dem aber einige Bereiche hinzuzufügen wären, „die zum Beispiel die verschiedenen Handlungsordnungen betreffen" (241). Speziell eine Behandlung der Thematik, dass es zwar zu einem Wandel der Gesellschaft kam, Gleichheit aber noch immer ein Konstrukt der Ideen und nicht der Praxis ist, kann aus Kaufmanns Buch nur implizit abgeleitet werden. Auch der Ärger bestimmter Teilbereiche einer Beziehung bietet noch Raum für weitere Untersuchungen und Betrachtungen, die in Kaufmanns Werk zwar angerissen, aber nicht vollständig erfasst werden. Der Autor bietet in seinem Werk eher Denkanstöße und Reflexionsgrundlagen als Anleitungen, um zu bestimmten Ergebnissen zu gelangen. Für die Leser, deren besonderes Interesse dem Schicksal der erforschten Paare gilt, finden sich im Anhang des Buches „neuste Nachrichten" in ihren eigenen Worten über die Beziehungsentwicklung.

Der größte Vorzug dieses Buches ist der Stil, mit dem der Autor komplexe Untersuchungen und Erkenntnisse auf einfache Weise auszudrücken und in verständliche Alltagssprache zu verpacken versteht, so dass kein besonderes Vor- und Fachwissen zum vollen Verständnis und zum Nachvollzug der Argumentationsketten notwendig sind. Der Gesamtstil des Autors ist dabei im Vergleich zu anderen mittel- und westeuropäischen Soziologen verschieden, aber gerade dadurch ansprechend. Außerdem erreicht Kaufmann auf diese Weise auch einen hohen Grad von nachvollziehbarer Alltäglichkeit, in der sich vermutlich jeder Mensch in vielen Aspekten selbst wiederfinden kann. Dadurch ist Kaufmanns Werk auf eine breite Masse ausgelegt, aber gleichzeitig nicht uninteressant für Soziologen oder Menschen mit fundierter Fachkenntnis. Dennoch wäre es ratsam, andere Werke von Kaufmann zuvor gelesen zu haben, da sich der Autor an vielen Stellen seines Buches auf seine früheren Werke, Untersuchungen und Ergebnisse bezieht, was einen fortlaufenden Forschungsstrang und aufeinander aufbauende Hypothesen, Theorien und Erkenntnisse offenbart. Kaufmanns Untersuchungen bieten Erkenntnisse für die Weiterentwicklung des Forschungsstandes in den Humanwissenschaften und genießen damit durchaus gesellschaftliche Relevanz.

Sein Ziel, den Ärger in seinen Ursachen und Auswirkungen zu beleuchten, hat Kaufmann am Ende seines Buches durchaus erreicht und mit Beispielen untermauert.

Das Buch bewegt sich neben der Ethnografie auch im Kontext der Konversationsanalyse, mit ihrer Suche nach wiederkehrenden Mustern, und der Psychologie. Kaufmann argumentiert sehr stark auf der laienpsychologischen Ebene, ohne die ausführliche Verwendung von psychologischen Modellen, um seine Aussagen zu stützen. Dies bezüglich lässt sich festhalten, dass die Theoriehaltigkeit seiner Argumentation zwar gelegentlich durchscheint, ohne aber tatsächlich aufgebaut zu werden.

Eine der größten Stärken dieses Buches, nämlich die immer wiederkehrenden Anekdoten, stellen auch gleichzeitig seine größte Schwäche dar, weil sie Kaufmann als hauptsächliche Datengrundlage für seine Erkenntnisse im Prozess des Fremdverstehens dienen. Die Daten stammen natürlich von eben jenen Personen, die in den Ärger, der untersucht wird, involviert waren. Dadurch unterliegen sie in hohem Maße den Problemen des Fremdverstehens, da sie einen starken selbstanalytischen Charakter haben und hochgradig subjektiv sind. Diese Tatsache lässt Zweifel daran aufkommen, ob sie als Datengrundlage zur Produktion wissenschaftlicher Erkenntnisse geeignet sind. Da der Autor keinen standardisierten Fragebogen verwendet hat, sondern lediglich direkt von den untersuchten Personen verfasste Beschwerden, sind auch eine Vergleichbarkeit der Aussagen untereinander, sowie ihr Wahrheitsgehalt nicht gewährleistet. Weil sich dieses Buch und Kaufmanns Forschung innerhalb der Ethnografie bewegt, wird damit das methodische Problem offensichtlich. Die Ethnografie will selbst nachvollziehen, was untersucht werden soll, was bei Kaufmanns Forschung nur bedingt der Fall ist. Zwar kann er als Mensch menschlichen Ärger nachvollziehen, doch der tatsächlich von den befragten Personen „gemeinte Sinn", kann aufgrund mangelnder Ausdrucksfähigkeiten nicht mit dem übereinstimmen, was sie dem Autor in Briefen oder Emails mitgeteilt haben. Das wirklich negative daran ist jedoch, dass diese Tatsache in Kaufmanns Ausführungen vollkommen unreflektiert bleibt. Die Aussagen der Beforschten werden von ihm betrachtet und daraufhin Schlussfolgerungen gezogen, ohne diese kontrovers zu diskutieren. Hierin findet sich der größte Verstoß gegen den wissenschaftlichen Charakter des Buches. Die Frage, ob Kaufmanns Erkenntnisse richtig sind und in den bisherigen wissenschaftlichen Kontext hinein passen, wird nicht behandelt und seine (subjektiven) Schlussfolgerungen somit auch nicht anhand anderer Meinungen und Untersuchungen zu dieser Thematik überprüft. Auch dass wesentlich mehr Frauen als Männer auf den Aufruf des Autors reagiert haben, zieht die Repräsentativität von Kaufmanns Aussagen in Zweifel. Zwar hat er keine Repräsentativität beansprucht und sie dem Buch in einem Kapitel sogar abgesprochen, doch seine Ergebnisse und Schlussfolgerungen nehmen den Ton von Gesetzmäßigkeiten an, die unweigerlich den Eindruck erwecken, generalisierbar zu sein.

Das Buch ist trotz der angebrachten Kritikpunkte zu empfehlen und stößt dabei kaum auf Altersgrenzen. Mit der ersten festen Beziehung ist dieses Buch eine lohnende Bereicherung für die Sicht auf die eigene Beziehung und den Ärger der in ihr aufwallt. Aus wissenschaftlicher Sicht ist es vor allem durch seine Verständlichkeit als Einstieg in die Thematik des Ärgers in Paarbeziehungen gut geeignet.